2024
제 6집

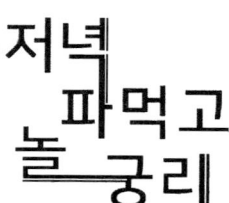

2024 제6집 저녁 파먹고 놀궁리

http://cafe.daum.net/poem-space

인쇄 | 2024년 10월 1일
발행 | 2024년 10월 7일

발 행 인 | 송원배
편집위원 | 김용조 김종태 모현숙 박상봉 박소연
　　　　　박용연 서정랑 이복희 이장희
발 행 처 | 시공간
인 쇄 처 | 북랜드
　　　　　04556 서울 중구 퇴계로41가길 11-6, JHS빌딩 501호
　　　　　41965 대구시 중구 명륜로12길 64(남산동)
　　　　　대표전화 (02)732-4574, (053)252-9114
　　　　　팩시밀리 (02)734-4574, (053)252-9334
　　　　　홈페이지 | www.bookland.co.kr
　　　　　이 - 메일 | bookland@hanmail.net

ISBN 979-11-7155-081-4 03810
ISBN 979-11-7155-082-1 05810 (E-book)

값 12,000원

 저녁 파먹고 놀 궁리

2024
제 6집

송원배 서정랑 박용연 박소연 박상봉
모현숙 김종태 김용조 이장희 이복희

詩공간동인

머리말

여섯 번째 여름을 달래
'시공간'으로 데리고 왔다

여름의 뒷면에는
말없이 사라지는 것들이 있다

사라지는 것들에게
손을 건네며 나란히 걸어왔다

놓아버릴 수 없는 그 무엇을
우리는 '시'라고 이름 짓고,

저녁 파먹을 궁리하듯
시 파먹을 궁리로

'시공간'은 함께,
골몰 중이다

2024년 가을
詩공간 동인

차례

머리말_5

송원배
경로를 이탈하였습니다 10 | 시크릿 가든 11 | 손 탑니다 12 | 다산의 봄 14 | 저녁 파먹고 놀 궁리 15 | 마른장마 16 | 팔공산 동화사에서 18 | 동면하는 소리 20

서정랑
필 때 22 | 한집 살기 23 | 영주역 24 | 옛 우물가에서 25 | 역류 26 | 도화에게 27 | 나중이란 말 28 | 값진년 30

박용연
말의 내공 32 | 에레나 33 | 중력 34 | 꽹과리 35 | 수다 36 | 부비부비 37 | 까마귀 38 | 회상 40

박소연

자리, 괜찮아요? 42 | 모로 누워있다 44 | 글라스캣피쉬 46 | 결품입니다 48 | 두 유 리드 미 50 | 드립의 온도 52 | 클라우드 앤 미스트 54 | 나무 그늘 CAFE 56

박상봉

고양이 의자 60 | 봉지 날다 62 | 몰개의 아침 64 | 빈방 66 | 이명 68 | 박꽃 69 | 짐 자전거 70 | 그믐달 72

모현숙

첫사랑 74 | 호상입니다 75 | 하울링 76 | 부르는 대로 77 | 마음 전하실 곳 78 | 길이 도망갔다 79 | 김밥 천국 80 | 순환 3-1 버스 82

김종태

플라타너스 86 | 아프지 마! 88 | 임시 천막 90 | 씀바귀의 눈썹 92 | 비둘기 삽화 94 | 겨울 문 95 | 오월의 신동재 96 | 닮은 꼴 98

김용조

자전거 타기 100 | 돌아오는 길 102 | 어떤 슬픔이 104 | 새가 되었을까 106 | 대봉감 이야기 108 | 첫 기억 110

이장희

묵은 가스레인지 112 | 반시 하나 114 | 당신의 부재 115 | 노안 116 | 새긴다는 것 117 | 안구가 건조할 때 118

이복희

혀 120 | 가면 놀이 122 | 땅콩 까는 남자 124 | 통돌이 세탁기 126 | 자두 128 | 인앤아웃 130 | 그해 여름 저녁 132 | 몽돌을 굴리다 134

詩공간 발자취_137

송원배
song5131510@naver.com

경로를 이탈하였습니다 외 7편

경로를 이탈하였습니다
시크릿 가든
손 탑니다
다산의 봄
저녁 파먹고 놀 궁리
마른장마
팔공산 동화사에서
동면하는 소리

경로를 이탈하였습니다

-추천경로 안내를 시작합니다
예쁜 목소리 아가씨 반갑게 윙크하네요
무턱대고 따라가다 길을 자주 놓칩니다

-목적지까지의 거리는 85km입니다
나와 당신의 거리는 언제나 먼 곳에 있지요
당신을 찾는 까닭입니다

-전방에 과속방지턱이 있습니다
방지턱을 지날 땐 마음이 울컥거려도 표시 나지 않지요
소심해지는 마음 차창 밖으로 흘려보냅니다

-다른 길로 진입하지 않도록 조심하십시오
세 갈래 길에 가슴이 방망이질 칩니다
가지 않는 다른 길은 늘 궁금했지요

-경로를 이탈하였습니다
부끄러움을 모르는 왼 바퀴와 양순해진 오른 바퀴
서로 어긋날 땐 유턴하세요

재탐색에 얼굴 붉히는 흐린 시간
당신을 찾습니다

시크릿 가든

꽃은 식물의 생식기라고 했다

아찔한 곳까지
보였을 때
절정이라며 부르는 교성

여기저기 감탄사 정분이
그놈 콧속으로 와르르 쏟아진다

민망할 것 없이
바람은 들썩이고

들쑤셔 놓은 봄
괜찮다, 괜찮다며 저녁이
배꼽을 덮어 주었다

손 탑니다

사각사각 이불 꿰매는 소리에
웅크린 긴 밤도 다리 펴고 눕습니다.

짓는 한 땀 한 땀
깨알 같은 다짐은 어디로 갔을까요
사랑을 꿰매며 눈물짓던 흔적
한쪽으로 기울었습니다

여름이 부끄러워
둥글게 포개 두었지만
오랜 침묵은 더 단단해지는 법

켜켜이 얼룩진 울음
낯선 유목의 냄새로 묻어나는 아침

엉킨 한숨 덩어리
자꾸만 얼굴을 바닥에 처박고
나의 형식으로 걸어갑니다

낯선 거리에서 만났습니다
손 탑니다, 아니고

'솜 탑니다'

씨를 발라 없앤 내 뼈의 정체는
구름처럼 가볍습니다

다산의 봄

 겨울의 실수에 주목한 것을 반성한다 눈 덮인 응달에도 진달래는 수줍게 피어난다 꽃심에도 짙은 작심이다

 어린아이 고추마냥 움튼 목련꽃이 세상을 훤히 밝힌다 왕관의 무게 못 이기고 목이 먼저 꺾인 불편한 개화, 땅바닥에서도 봄을 이루겠다며 처연하게 익어간다

 붉은 혓바닥 내밀며 한없이 가볍게 끌어당기는 벚꽃이 화르르 달려온다 벚꽃 엔딩 노래에 미련 없이 흩날리는 저 낱낱의 가벼움에 봄은 무거워지고

 노란 웃음으로 물들이지 못한 채 베인 풀꽃, 두 동강 난 줄기는 잊지 못한 풀 향으로 서로를 향해 뛰쳐나오는

 생명을 줄줄이 낳는 봄의 다산에 봄은 몸져누워도 환한 위안이다

저녁 파먹고 놀 궁리

 돈 흐르는 소리가 들리는 아파트 엘리베이터, 한 번씩 움찔 놀라 가슴 덜컹거리며 조여온다. 층층이 동거하는 이들의 면모는 언제나 핼쑥하다 겨울이 지나는 동안 이마에는 힘줄 퍼런 소리가 들렸다

 구멍 난 자리를 껌으로 때운다 단물 빠진 뒤 생각 없이 질겅질겅 씹는 초라한 행색은 잔뜩 허풍을 불어서 툭 터진 풍선 같다 달라붙은 껌 다시 떼내어 입에 넣고 쩍쩍 씹어대던 내 가난했던 사랑

 다림질된 와이셔츠에 넥타이 맨 모습이 미안할 때가 있다 아닌 척해 보지만 어색하다면 다음 역에서 내려야 할 시간이다 걷다가 노을이 찾아들면 할 일 없는 손을 후후 비비며 밤새 저녁 파먹고 놀 궁리를 할 것이다

마른장마

길게 목을 뺀 수직의 그림자 너머

금방이라도 쓰러질 듯 오래된 몸 한 채

길냥이는 인적을 찾아 울음 울고

풀리지 않은 어제가 겨드랑이 속에 파고들었다

마을이었을까

사람의 흔적이 짠내처럼 스며있고

오래된 나무에는 길 잃은 빨래 냄새가 걸려있다

노랑, 빨강, 파랑의 감정이 섞이며

모나지 않은 한 생애를 주무른다

네 모서리를 반듯하게 어루만지며

얌전하게 기대 눕는 저녁

하얗게 삶긴 하루를 훌훌 털어낸다

마른 화분처럼 생기 없이 처진 가슴

갈증은 마른장마처럼 쉬이 사라지지 않는다

팔공산 동화사에서

Ⅰ. 무위문 無爲門

산속 절간
채근하는 목탁 소리

장삼 자락 닳아질 때까지
허공을 쓸어보는

알 수 없는 체위

Ⅱ. 염불암

채워지지 않는 허기
내 안의 뿔 달린 짐승 데리고 간다

천 년 전 출타하신 마애불좌상
객들만 분주한데

풍경 소리에 매달아 놓은 선문답뿐

III. 윤회

지글지글 익어가는
삼겹의 이생을 앞두고

후생이 궁금하여
자꾸만 뒤집어 보는데

술잔 속 이글거리며 타는 얼굴 하나

동면하는 소리

시간의 한 귀퉁이를 깨물면
동면하는 슬픔이 움찔한다
떠나보내고는
잊지 않으리라
덧칠하는 독백

검은 겨울 외투는 구부정한 모습
세상으로부터 감추고 싶은 검정의 속내
멋쩍은 웃음이 허옇게 드러난 치아에 끼여
불편한 모양새다

가슴이 다 파여진 옷을 입고
자주 길을 잃고 헤매던 스무 살
아랑곳없이 손톱만 소리 없이 자라고 있었다

서정랑
jrseo119@hanmail.net

필 때 외 7편

필 때
한집 살기
영주역
옛 우물가에서
역류
도화에게
나중이란 말
값진년

필 때

들썩이는 흙의 감정은
이미 피우는 속도가 있어

연두산 내게로 다가오고
참꽃 내게 몸 내밀고
참을 수 없는 속도로 달려오고

엘리베이터 타고 오르는 나는
거울 안에 갇혀 웃고만 있어

오지 말라고, 손사래 쳐 막아도 피어
내 목 조르려 이미 뼛속까지 스며오고

거울은
오르고 내리는 반복을 비추고
꽃은
내 얼굴 보고 이미 웃고

오를 땐 부드럽게
내리막은 살짝 밟아야 하는

필 때

한집 살기

두 알이 살아요 쌍분 같은 겉껍질 얇고 떫은 속껍질에 싸여⋯ 쪼글쪼글하기도, 탱탱하기도, 조금 덜 익어 물기 많기도

덜 영글어야 틈이 있고 잘 벗겨져 여유가 있죠, 사각거리죠

낮은 불로 최대한 느리게⋯ 뱃속 깊은 프라이팬에 볶아요, 밖으로 알몸 내보여, 타이밍 맞춰 불에서 멀어지게 하는 묘수가 필요해요, 볶은 그를 싱크대 위에 방치하고 시집 한 권 훑어보는데 잊었던 그가 속내 봐달라고 토톡 톡톡 소란해요

그럭저럭 둘은 한집에서 단단하게 살아가는데

삶은 그 문을 열면 그 틈으로 보이는 살짝 비린 울음과 웃음이 반쯤 버무린 풍경 그러나 그들은 잘 보여주기를 꿈꾼답니다

삶은 땅콩 잘 까기일까요, 아니면 잘 보여주기 헛꿈들의 전시장일까요

영주역

광장이 주저앉았다, 그날

마지막 열차는 아무 말 못 했다는 거

눈 오는 밤이 군고구마와 뒤엉겨 갔다는 거

기적소리는 눅눅한 이불 속으로 파고들었다는 거

영혼이 내려앉아 암막 커튼을 쳤다는 거

흰 눈을 맞으면 주저해야 한다는 걸 몰랐다는 거

푸른 생애가 이토록 비릿할 수 있다는 거

너무 오랫동안 울면 가물가물해진 기억도 청소된다는 거

단편의 서사가 이마엽* 로터리를 빙빙 돌고 있다는 것

* 대뇌반구의 앞에 있는 부분으로 기억력, 사고력 등을
 주관하는 기관

옛 우물가에서

 배니가 떨린다, 점돌이와 나는 엄마가 다 쓴 화장품 병에 마을 친구를 넣고 바른다 끈적인다 엄마는 나가고 우물 옆 삭아가는 썩은 감자, 웃물 따르고 다시 찬물 끌어올린다 찐득이는 내음, 가라앉은 전분 덩어리 건져 마당에 펼쳐 말린다

 어느덧 물기가 달아난다 배니 바른 엄마도 가시내도 수분이 날아간다 가라앉다가 다시 솟아나고, 마을을 휘감아 돌아가는 강

 엄마는 내 곁에 없다 우물을 내려다보면서 삐죽거리며 앙다문 작은 입, 두레박이 벽에 닿으며 덜걱거린다 모든 게 깨져버릴지 몰라, 오물 냄새 나던 그 집 그 머슴애도 가라앉는다 퍼내고 싶다 또다시,

 병뚜껑에 모래밥 담아 신랑 각시 놀이하던 그때 하늘의 기색을, 강과 들판의 색깔 한 번씩 꺼내 햇볕에 말려준다 아, 우리들의 작은 왕국을

 오늘은 강줄기 따라 사라지는 것들을 겹겹이 눌러 바른다

역류

빨래가 빳빳하게 말라가는 오후다

바람에 날리며
공중으로 빨려갈 듯
드높게 올라가고, 하늘로
올라가고

물기 다 빠진 것들,
사람도 죽을 때가 되면
한주먹만큼 작아진다고
엄마는 말했지

자작하게 두부가 졸여지고 있다

방 안에 들였던 털신을 신겨주던 겨울 아침
작은 손에 끈적한 구리무 발라주던 손길

어젠 아버지 기일이었지

배수구에서 울컥,
비누 거품이 올라온다

도화에게

잎새 바람 심심하게 달린다

분홍 매니큐어 칠한 꽃잎, 손톱 한껏 세우면
달아나버릴까 봐
가지 순 마디마디마다 덧칠하고 있는
아랫입술 도톰한 저 여자

귀퉁이마다 제멋대로 부는 바람
누구는 피고 또 누군 바라보던 날이었던가

새 잎사귀 신방에 든 저들은
서로를 온통 흔들어대고
귓불 간지럽도록 한껏 안겨봤겠지

그렇다 할지라도 할퀴려 달려들면
분홍 뜨거운 울음만 왈칵 토해낼지도
머리칼 헝클어진 채로
울먹일지도 몰라

시샘 잦아질 때까지 나 여기
멈춰 있을게
하늘 활짝 맘껏 칠한 후에
광대뼈 움푹 꺼진 눈으로 다가오라, 내 여인아

나중이란 말

전화 바란다는 문자에
건들바람 같은 답장, 나중에 할게요

나는 지금에 밀린 인간이 된다

나중 나중의 열차가 지나가고
막연히 말라가는 마른 몸
방치된 나의 심실 그리고 심방에 언제쯤

말랑말랑해진 수화기는
열 수 있을까
좁은 틈으로 살바람이라도 불어올까

나중을 바짝 튀겨
먼지처럼 날려 볼까

나중이란 다리가 있다면
그 아래
아득한 강물 반짝대다가
흐르며 잊혀갈 바람이라도

한번 볼 수 있을지

화면에 나비 문자 띄운다
폈다 오므렸다
날개는 바람만 밀어내고

값진년

   그놈은 길게 다가왔죠 속을 버리고 허물만 남아 으스러질 듯, 차가운 담벼락에 붙어 꿈쩍도 않았어요 어디에다 버렸는지 징그럽고 두려운 모습이 다 날아간 채로

   어느 여름날에 그놈은 마당을 질러 자유형으로 달려가는, 멈출 줄 모르는 막차였죠

   세울 수 없는 짝사랑처럼, 미끄럽게 빠져나가던 섬뜩한 기억

   무서웠던 그놈이 글쎄, 연하장에 매끈하게 앉아 있었지요 잊히지 않아 검정 물감 한 색으로 그려낼 수 있을 듯했죠 점점 선명해져 가면서

   꿈꾸고 난 날에는 땀에 젖어요 사랑은 악몽이야 단색으로 온갖 색을 내보일 수 있는 깊은 꿈, 환상으로 다시 미끄러져 나갈 날은 올 수 있을까요 잡을 수 없는 내일이 어제처럼 또 다가오는데 나는 변기에 앉아 카톡을 보며 기다리죠 오지 않는 그놈을

   나도 천천히 가고 싶어, 너도 날 잘 누려봐

박용연
pyyoo57@hanmail.net

말의 내공 외 7편

말의 내공
에레나
중력
꽹과리
수다
부비부비
까마귀
회상

말의 내공

"잘 자요" 아내의 다정스런 말
무시하고
허구한 날 드러누워
과자 봉지 뒤적이듯
밀어보고 당겨보던 핸드폰

그것도 모자라
야시시한 영상이라도 나오면
정지화면 벌려 보며
잠의 옆구리에서 뒤척거리기 여러 번

급기야 어깨 통증까지 유발하고 말았으니
"잘 자요" 말속에는
헛짓 말고 잠의 품속에 들어라는
속 깊은 당부의 말이기도 하다

에레나*

아내 전 부치는 소리
봄비에 버무려져 들려온다

부드럽고 매끈한
소파의 촉감 속으로
젖어 든 낮의 꿈
빛바랜 에레나*에게 데려간다
저벅저벅 찾아간 빗속 그녀의 자취방
잠든 그녀의 등 뒤 살포시 끌어안던
부드럽고 달콤한 꿈

후두둑 빗소리에
어렴풋 꿈이란 것 알아차릴 때
아련하던 꿈은
익어 가는 전 소리에 조금씩 밀려나고
그 꿈의 자리에는 움푹한 것이 남았다

* 접대부를 뜻하는 은어

중력

늘 곁에 있던 아내가
잘 자라는 말과 함께 제 방으로 간다

혼자 자는 게 편한 나이긴 해도
어떤 중력의 이동에 의해
각자의 방으로 가는 몇 걸음이
마치 언젠가 따로 가야 할
먼 길의 길목처럼 아찔했다

쨍과리

나이 들수록 친구가 좋다는 카톡들이

보낸 카톡 또 보내는 물컹한 친구 놈들이

박자 장단 없어도 옛것이 좋다며

시도 때도 없이 울리는

카톡카톡, 카톡 쨍과리

수다

재잘재잘
편한 그녀로부터 걸려 온 전화
59분 48초 동안
듣고 답해준 내용이
까불고 난 벼 껍질처럼
바닥에 수북했다

부비부비

원죄의 멍에를 쓰고 나온 그것
지하 노래방 가면 살릴 수 있다

동굴 같은 천장 조명 박쥐 떼로 날고
현란한 싸이키 원시의 북소리로 울릴 때
취기 오른 나는, 둥둥 꺄악꺄악…
호모사피엔스로 돌아가는 거지
주술에 걸려 흐느적거리는 그녀들
예민한 곳 부비부비
은근슬쩍 불 지핀다 한들
본능? 그게 무슨 죄가 되겠어
고래고래 열창 중인 마이크씨
당신에겐 미안해요, 쏘리~

그녀들에게 지핀 부싯돌
문밖 쌍심지 켠 마누라 화끈하게 녹여줄 거야
태극기 휘날릴 거야

까마귀

단골약국 정 씨
감기약 지으러 간 내게 건네는
녹음기 같은 한마디

담배 피지 마시고…

약국 문 나서는 내 앞에 나타난
오랜 담뱃갑들

청자, 단오, 금잔디…
졸망졸망한 것들이 줄지어 선
신병 훈련소 유격장

새까만 얼굴로 선착순 건너와
갈기던 일렬횡대 오줌 줄기

십 분간의 휴식 시간
삼삼오오 모인 담배 연기
연병장 모퉁이 자욱했다

〉
때마침 먹구름 몰고 온 태풍에
마구 흔들리던 늙은 미루나무
휘청이는 가지 끝에 둥지 튼
한 무리 까마귀 떼
우리는 오후 내내 까악까악거렸다

회상

현대시작법. 오규원 〈저〉

나) 인용적 묘사

A) 예비군편성훈련기피자일제자진신고기간
자: 83.4.1.~지: 83.5.31
_황지우(벽.1)

이런 글을 보는데
내 눈에는 그저 자:지밖에 들어오지 않는다
아! 그렇구나, 쭈굴쭈굴해진 내 나이에
예비군의 그것은 자지가 맞겠구나

삼십 년 후에 내가, 배 깔고 엎드려
그날의 자:지를 회상하고 있을 줄
그때는 상상도 못 했으니

박소연
spdhqlf88@hanmail.net

자리, 괜찮아요? 외 7편

자리, 괜찮아요?
모로 누워있다
글라스캣피쉬
결품입니다
두 유 리드 미
드립의 온도
클라우드 앤 미스트
나무 그늘 CAFE

자리, 괜찮아요?

문양역에서 반월당으로 향하는 한낮의 지하철
아무도 앉지 않는 텅 빈 자리가 있다

수다 중인 그녀들
젊은 손가락이 비어 있는 노약자석 가리켰다

저 자리는 몇 살부터 앉노?
예순다섯부터 데이
앉자 뿌까?
싫타, 나이 문 거 같구마

내 앞과 옆자리로 와 앉는 휴대폰
꿈의 정원을 가득 펼쳐 놓았다
퍼즐을 퍼즐로 덧칠하면 젊은 문양이 될까

꿈꾸던 눈동자가 가끔 나와 마주친다
이거 우리 애들이 심심할 때 해보라며 깔아준 건데
좀 거슥하다며 웃는다

그렇게 몇 정거장 지나

여기 젊은 사람들 앉는 자린데 내가 앉아도 되나?

  슬며시 들이미는 팽팽한 엉덩이 여럿 있어도
  노약자석은 멀뚱멀뚱 여전히 한가로웠던, 여섯 시 반
가을 어느 날

  살아오면서 앉았던 무수한 자리
  삐거덕 소리치며 나를 길들였던 자리 속
  반월 같은 당신도 있었다

모로 누워있다

무릎 꺾인 채 굳어간다
종일 앉지도 서지도 못하던 자세
모로 누워있는 모습 그대로 일으켜 세우면
영락없는 의자다

늘 입버릇처럼 4년 남겨놓고 명퇴할 거라던 바람

눌리다를 누르다로 읽으며 삐그덕삐그덕 낡아가더니
나무 의자로 태어나기 전 기억 더듬어
꿈을 빌어 자작나무 숲을 찾아가는 걸까
(똑딱이는시계추에용수철튕기듯뛰쳐나가고싶었을 게다)

무릎 펼 때마다 구겨진다
온몸에 못이 박혀 살았던 나무 떠올릴 때
몸 밖으로 녹슨 못 불끈 밀어냈을 거다
튀어나온 못에 의자가 자작대며 가시랭이 일으키자
황급히 망치질하며 숲을 꿀꺽 삼킨다

〉
휴일, 거실 소파에 모로 누워 잠든 당신
다리가 움찔움찔하는 걸 보니
저 꿈속에서도 튀어나온 못에 망치질하나 보다

글라스캣피쉬

엄마가 내 등을 한껏 밀어
여기서 멈추면 가라앉는다고
튀어 오르는 물방울이
둥글게 맺히는 하루
몸에서 동그라미가 황급히 빠져나가고 있어

햇빛이 빠져나가는 몸
뼈와 내장이 스테인드글라스처럼 보이지
살아있지만, 죽은 것 같은

돌멩이가 만든 파장을 뜯겠다고
어떤 송곳니가 달려들겠어
설령, 그렇다 쳐도 아프진 않을 거야
동그라미란 그런 거니까

꾹꾹 눌러 짜 봐, 악취는 나지 않을 거야
투명하다는 깨끗하다와 같아서
한참을 짜내야 해

고양이가 등을 쭈욱 짜내며,

액체처럼 길게 하품하고 있어
비가 제법 왔으니까
털을 곤추세울 필요가 없어졌거든

놓아버리기로 했어
사람들은 그 이유 모르잖아

사실, 난
어제의 물고기 따윈 관심 없거든

결품입니다

도와주세요, 아이가 죽으려 해요
비집고 나온 전화벨 소리가 허공을 딛고 일어선다

15평, 까치 흔적 없는 까치아파트에
고장 난 세탁기처럼 엄마와 동생이 덜컹거린다
곰팡이가 매일 하나씩 붙어 안개꽃으로 핀다

그림자가 벌떡 일어서자
신고받은 경찰이 눅눅한 손을 잡는다
콘덴서가 불량이면 모터가 돌아가지 않는데
동생은 뭉쳐진 빨래처럼 머리를 쿵쿵 들이박고
세탁기는 웅웅 소리만 지른다

덜컹이는 버튼 눌러 어제로 돌린다면
안개꽃이 비눗방울로 딸깍 넘어갈 수 있을까?

손 내밀면 가시를 곤추세우는 고슴도치처럼
껴안을수록 서로의 심장이 찔렸다
그럴 때마다 칼로 손목을 그었지
세탁조에 들어가 탈수 버튼 누르면

칸칸 이어진 배수관 속으로 걸어가겠지
오늘도 탈출하는 꿈을 꾼다

완벽한 밀폐는 또 다른 개방
도와주세요, 아이가 죽으려고 해요

두 유 리드 미

염색한 흰머리 검다고 할 수 있나

염색방에서 유모차 타고 있는 시츄를 봤다
순간 개소리로 짖고 싶었다
소리를 업고 저녁 찬거리 만들었다는 말

비릿한 한숨 짓는다
거울 앞에 앉아서 생각한다
머릿속 문장도 염색할까
의사가 뭐라 하더냐는 당신의 푸른 말에
별거 아니라고 웃었다

막 올라오는 게 다 하얀색이네
염색해도 거짓말은 끊임없이 돋아난다
유모차 속에서 꼼지락대다 들킨 시츄처럼
불편하다

돌리지 말고 제대로 말해 봐
불안을 긁어주는 거짓말에도
뿌리까지 숨기지 못해 뾰족하게 올라오는 흰색

암 병동으로 들어가는 당신을 향해
염색된 말 내뱉는다

입안에서 버석거리던 말들
툭 떨어진 낙엽으로 굴러다니며 가을을 만든다
고개 주억거리는 오후 햇살 앞
우리는 검정이라 말하고 하양이라 읽는다

드립의 온도

손끝으로 말의 온도를 가늠해 본다

자판 위 차갑게 식은 철자 더듬으며
스며들지 못하는 말을 분쇄한다
겉돌다 부서진 단어가 찻잔 속에 고일까 봐
손끝으로만 매만진다

92℃, 끓어오르는 마음 아닌 척 기다리는 시간. 몰입하기 위한 우리 환경을 0에 맞춘다. 당신 촉촉한 혀끝에 부풀어 오르는 심장을 느끼는 10초간의 숨 막힘. 나선형으로 부드럽게 돌아들며 카페 가득 퍼질 메아리를 기다린다.

어디서부터 잘못된 거지

과하게 밀어붙이는 당신, 숨 막혀
자꾸만 잘게 부서지는 나는 쓴맛을 낸다

당신은 단어 고를 때마다
내게 제대로 물어본 적 없다

〉
옥신각신하다 믹스커피처럼 툭 던지는 문장
이제 그만하지

분쇄되지 못한 철자에 긁히기 싫어
오늘도 드립의 온도만큼 자판을 데운다

클라우드 앤 미스트

달빛 더듬어 가는 길 멀다고
서랍 속에 넣어 둔 날개 뒤지면 안 돼

어제는 거미줄 걸어놓고 비를 불렀지

나선형으로 우아하게 춤추는 저 꽃을 봐
불꽃이라 할밖에

오늘은 당당하게 내통하지
하얀 불꽃으로
이런 나를 뭐라 불러줄 거야

물어보지 않고 덜컥 셔터부터 누르지 마
나는 하늘을 날고 싶은 나무니까

손가락 끝으로 더 뻗어가던 수액이
콧구멍 벌렁이고 입술 달싹이게 하는 순간
젖은 말이 쏟아지는 거야

네게 들리지 않았다고 하지 마

.

너는 알고 있잖아
내 몸이 물관이었다는 걸

땅속에 묶여있던 내가 네게로 날아갈 때
나를 뭐라 불러줄 거야?

어둑한 곳을 파고들던 뿌리에서
공중으로 흩어지는 불꽃
우듬지 끝에서 반짝이고 있어

나무 그늘 CAFE

그 앞을 매번 지나면서도 몰랐다
하얀 뿔이 무성하다는 걸
카페가 등 뒤에 숨겨놓은 복숭아밭을

어떻게 몰랐데? 언니가 물었을 때
말하지 않으면 모르지, 속으로 중얼거리며
뿔에서 삐져나온
붉은 가지들의 쫑긋한 귀를 내려다본다

도대체 뭐기에
이렇게 시를 쓸 줄 몰랐지

황도의 노란 속내를 벗겨내는 언니다

살아갈수록 당신이 최고라며
키우던 복숭아 다 출가시키고 나면
둘이 손잡고 꽃구경이나 다니자 했는데
살다 보니

빈 들녘처럼 미소 짓는 언니

햇살이 빗질하던 기억 속으로 걸어가는 듯하다

그동안 어떻게 잘 덮어놨데?

음, 그땐 몰랐지

죽음이 미처 빠져나가지 못한 복숭아밭에서
헛웃음을 그림자에 씌워놓으면
뿔이 가려진 줄 알았지
아홉 달을 그렇게 빈 봉지처럼 너풀거렸어

복숭아 빠진 빈 봉지 꽉 채워 준
버팀목이던…
그 말을 다시 중얼거리는 언니

당신이 최고였던 기라

박상봉
psbbong@hanmail.net

고양이 의자 외 7편

고양이 의자
봉지 날다
몰개의 아침
빈방
이명
박꽃
짐 자전거
그믐달

고양이 의자

의자가 앉아있다

아파트 쓰레기장 헌 옷 수거함 곁에
시트가 떨어져 나간 의자가
오래된 주화처럼 녹슬고 있다

다리 한쪽이 기울어진 채 버려진 다른 의자는
누군가 앉았다 간 궁둥이의 온기를
낮잠 자는 고양이와 나누는 중이다

몸통이 떨어져 말갛게 산화된 오토바이 안장
흐늘흐늘 부러질 듯한 철사 팔뚝과 칠이 벗겨진 선풍기 머리는
완벽하게 조립된 금속 재질의 고양이 같다

아파트 쓰레기장엔 빈 깡통들도 북적 북적댄다
납작해진 것, 찌그러진 알루미늄 캔은
버려진 일도 서러운데 구둣발에 짓밟힌 모양새다

얼떨결에 손목이 낚아채 끌려 나온
속옷 따위는 녹슨 철제 수거함에 몸을 숨겼다

〉
쓰레기 분리수거장 바깥에 유모차 한 대가
시동 끄고 색이 바래고 있다

쿠션은 아직도 유지하고 있는 듯
운전석에 용케 올라앉은 고양이 한 마리
생애 가장 편안한 자세로 졸고 있다

더는 쓸모없는 폐품이지만
한가한 낮에 오수 즐기러 나온 고양이는
시방 고급 침대 이상의 호사 누리는 중

유모차에 올라탄 고양이가 갑자기 액셀 밟고
부릉 부르릉 초록 봄 길을 향해 속도를 내기 시작한다

안전띠도 매지 않은 채 지그시 눈감고
니야옹 니야옹
젖이 마른 엄마를 필사적으로 빨아댄다

뾰족한 입술 햇볕 한 뼘 더

봉지 날다

공중에서 물장구친다
땅으로 내려오기 싫은지 공중에서만 논다

건물 창유리와 가로수 이파리 쪽으로 곤두박질치기도 하지만
요령껏 빗줄기 한쪽 끝 붙들고
비 내리면 젖어 하염없이 웅크린 몸으로 유배되는 봉지

억누르고 눌린 것이 봉지다
핏기 뽑아버린 빈 봉지 몸통 너머 세상이 보인다

큰키나무 넘어 하늘 높이 사무쳐 오르다가
땅속 깊이 뻗쳐 내리다가
나무의 팽팽한 긴 외로운 가지 끝에 와 덜컥, 안긴다

오갈 데 없는 찢어진 봉지
더 이상 밀고 갈 힘없어
비바람에 송두리째 흔들리는 나무에 등 기대고 머물다가

만리 밖에서 바람이 부르면
후득 후드득 깃을 털며 저문 언덕 넘어간다

〉
바람의 어깨 깨물고
울창한 공기의 숲으로

기억 속 절망 딛고
길고 긴 하늘 자락 붙들고 일어서는
꿈틀꿈틀 솟아오른 봉지

팔뚝보다 질긴 근육을 가졌다

몰개의 아침

완도에 와서 다른 아침을 맞는다

옅은 해무가 섬과 섬을 끌어당긴다
소모도와 대모도 사이
물 우에 반짝이는 윤슬

햇빛의 곡괭이로 경작하는 깃밭
붉은 공이 줄을 긋고
소안도 가는 바닷길 열어젖힌다

차르르 훔치어 오르는 물방울무늬
자욱한 안개

물갠가 몰갠가
바다 한쪽 편으로 짐질이 밀려와
말을 걸어온다

밀물과 썰물처럼 왔다 가는
인생 부표 같은 전언

〉
당신이 돌아올 시간에 이별이 왔다

오랜 인연은 나름 각별하지만
그는 다시 볼 수 없는 사람

떠나고 없는 이에게 건네는 인사는
바람의 하소연에 불과할 뿐
이제 잊는 것으로 기억하려네

내 떠나면 나와의 인연들도
나를 부르지 않길 바라네

빈방

엄마가 외출하고 없는 빈방

벽면 구석에 우두커니 서 있는
거울의 사람을 은밀히 만나는 시간

식구의 슬픔을 서러운 눈빛으로 지켜보던
눈동자 이글이글 타오르면

불꽃의 심지는 바람이 자는 쪽으로 눕고
그 옆에 나란히 나의 찬 몸을 누인다

엄마가 벗어놓고 간 꽃무늬 팬티로
유리의 가슴 닦아내고

손바닥으로 헐렁한 배를 쓸다가
바지춤 사이로 햇볕 한 뼘 집어넣는다

어디서 왔을까
얼음처럼 말갛게 빛나는 눈물의 창

〉
유리를 닦던 바른손이
날마다 불면에 시달리는
식구들의 눈물 닦아내고 있다

눈물은 문밖의 어둠 밀어내고
해 질 때 한층 더 선명하게 반짝이는데
꽃무늬 벽지는 왜 안방을 환하게 밝히지 못할까

곰팡이 덕지덕지 들러붙은 사람 없는 방에서
거울이 젖은 팬티 쥐어짜며 구슬피 울고 있다

이명

종종 소리가 안 들기오
물에 잠긴다는 것이 얼마나 두려운 일인지 아오

어린 시절 강물에 빠져 죽을 뻔한 경험이 있소
코와 귀에 물이 찬 상태에서 제때 치료받지 못해 청력을 잃었소

오랜 세월 말귀 알아듣지 못했소

가끔은 기적이 일어나기도 하오
어느 날 갑자기 소리가 크게 들리기 시작했소

스무 해 넘게 써온 보청기 서랍 속에 넣어두고
지금껏 다시 꺼내 쓸 일 없었다오

전 생애는 어두운 그늘 짙게 드리워 있었소
하지만 그늘 속은 초록이오

차양을 들추고 초록으로 들어와 보오
너르게 펼쳐진 풀밭 넌출거리는 초록 너머

아이들 떠드는 소리 가깝게 들리잖소

박꽃

푸른 아우라에 둘러싸인 박꽃
스물두 살에 낳은 딸아이
둥글게 떠오른다

오래전 내 품 떠났지만
지금도 명치끝
콕콕 아파 오는데

깜박 졸다 깨어보면
조그만 내 젖꼭지 빨며 자던

그 아이

건넛집 지붕 위에 달이 떠오르면
달, 달, 둥근 딸

투명한 물방울 자궁으로

나를
낳았다

짐 자전거

  연대보증 섰다가 명퇴금 다 날리고
  남은 개똥밭이 한 떼기 팔아 재래시장에서 채소 장사 시작한 아버지

  그마저 실패하고 마지막 밑천으로
  낡은 짐 자전거 끌고 밤늦도록 이 동네 저 동네 생선 팔러 다녔다

  새벽부터 싣고 다닌 마른 명태 꾸러미
  잠깐 오줌 누고 온 사이 누군가 몽땅 들고 달아나버렸다는데

  탕탕 두들겨 북북 찢어 놓고 싶은 한바탕 울분
  말라비틀어진 북어 대가리마냥 어처구니없는 길가에 내동댕이치고 온 아버지

  소리 내어 맘껏 울지도 못하고 남몰래 흔들리며
  등 굽은 어깨너머 노을처럼 저물었다

  바람이 숭숭 들락거리는 단칸방에서

혼자 식은밥 떠먹으며 눈물짓다가

덜그럭 덜그럭 텅 빈 집 자전거 문간에 들어서는 소리
들리는 것 같아

달빛 떨어져 내리는 골목길 내어다보면
서늘한 밤바람에 눈이 시렸다

그믐달

소주병 옆에 칼이 놓였다

날카로운 취기를 원했기에
안주는 그대로 두고 술만 퍼마셨다

술 떨어지고 빈 잔 돌리다가
비틀대며 돌아오는 밤길
서슬 퍼런 칼날이 뒤통수를 겨눴다

중천에 뜬 칼을 쥐려다
손등을 베였다

조각달이 한쪽으로 너무 기운 탓이다

손잡이 없이 칼날만 남은 달
밤하늘을 찢었다

구름 사이로 엎치락뒤치락 뒹굴더니
원고지에 수직으로 꽂혔다

모현숙
22tree@hanmail.net

첫사랑 외 7편

첫사랑
호상입니다
하울링
부르는 대로
마음 전하실 곳
길이 도망갔다
김밥 천국
순환 3-1 버스

첫사랑

팽팽한 활이었다

고입 체력장 날, 까르르 과장된 웃음소리가 하늘 가득 퍼져나갔다 전력 도움닫기로 구름판 딛고 날아오르면 구름까지 닿을 듯, 팔다리 뒤로 젖혀 탱탱한 활시위 같았다 그 까까머리 아이는,

바로 그때였다 가을 햇살 무더기로 쏟아지던 순간에, 시위를 막 떠난 화살에, 순식간에 날아와 꽂힌 화살에, 내가 명중되어 떨었던 때가, 정지화면이 되어버린 찰나 그의 착지마저 보지 못한 채

쿵,

눈 감았던

호상입니다

축하합니다 아들딸들의 어깨에서 새들이 날고 있네요
문상객들도 새 한 마리씩 데리고 밝은 조문을 하네요

요양병원 다섯 해 동안 수시로 자식들 응급으로 불러
들였지요 막상 오늘 새벽엔 아무도 없이 떠나셨지만,

호상입니다 팔랑개비처럼 장례식장을 뛰어다니는 어르
신 손자의 딸이 사람들 눈에서 웃음꽃으로 피어나네요

어르신, 속상해하지 마세요 어떤 죽음은 그리운 슬픔이
고, 다른 어떤 죽음은 누군가의 평안이 되기도 하네요

새우젓 얹은 돼지 수육을 먹고, 시뻘건 육개장도 잘 먹고
갑니다 저마다 호상이라 하니, 뒤돌아보지 마세요

배부른 저녁 자기 몫의 구두를 찾아 신고 나서는, 우리의
뒷모습은 어르신의 어제였지요 증손녀가 인사하네요

빠이빠이, 삼가 조의를 표합니다

하울링

귓속에 늑대가 산다

주파수 맞지 않는 소리들
네 입술에 묻은 모음을 보며
소리를 읽는다

왜 그렇게 말귀 못 알아먹니

보청기 주파수 지나
낡은 퍼즐처럼 어렵게 조립한
울퉁불퉁한 소리들

웅웅대는 늑대의 하울링

왁자지껄한 입체를 말로 발라내는
달팽이관에 사는 늑대, 괜찮아 괜찮아
느리지만 알아차릴 수 있어

지금, 네 말의 몸을 만지고 있거든

부르는 대로

　채혈 주삿바늘이 마음까지 뽑아냅니다 마음 뺏기기 싫으면 고개를 살짝 돌려 외면하기 바랍니다 종이컵에 받은 오줌이 남의 오줌처럼 어색합니다 뜨뜻한 오줌을 잘 접수하십시오 엑스레이는 뼈를 잘 훔쳐 옵니다 발골 솜씨가 순식간이니 긴장할 필요 없습니다

　기다리는 낯선 사람과도 아픔을 막역하게 나눕니다 진료실을 나서면 금세 모르는 사람으로 돌아가는 환자들의 대화는 이내 안녕입니다 대화는 진료비를 수납하면 연기처럼 사라지고 등만 보입니다 마음을 쉽게 주지 마십시오 이별은 간단할수록 로맨틱합니다

　환자복만 입으면 환자가 됩니다 최선을 다하겠다는 의사는 부작용을 더 자신 있게 말합니다 차례는 번호표에만 있을 뿐입니다 진료표 빨리 뽑아도 떠나는 순서는 다릅니다 오래 남아서 배웅할 일도, 혼자 먼저 떠날 일도 똑같은 무게이므로 그저 부르는 대로

　다음 환자분, 안으로 들어오세요

마음 전하실 곳

당신에게도 마음 전할 곳이 있었으면 좋겠어요

백 세 장모상의 부고에도
마음 전하실 곳으로 보내면
상주 얼굴을 편하게 만날 수 있지요
친분만큼만, 삼가 고인의 명복을 빕니다

아들, 딸 혼인 청첩장에도
마음 전하실 곳으로 보내면
혼주의 미소에 따라 웃을 수 있지요
받은 만큼만, 진심으로 축하합니다

친절하시게도 마음 전할 곳을 문자로 주시니
마음 전달이 이토록 쉽네요
전하고 싶지 않은 몇몇 마음까지도
계좌의 모서리에서 안면을 저울질하지만

송금되는 마음만은
불편하지 않을 훗날까지 잘 이체해주네요

당신에게 보낼 마음은 어디로 전달해야 할까요

길이 도망갔다

'길 없음' 안내판
불독처럼 막고 서 있다

끊어진 목줄처럼 버려두고
길이 도망갔다

막다른 길 앞 둥근 바퀴들
안면 바꿔 급히 유턴하고

꼬리 숨기며 되돌아간 바퀴들
아스팔트 냄새 따라 스며들듯

당신에게 갈 수 있는 길도
가로막힌 벽을 수없이 파고들면

희미한 뼈 드러내어
길을 열어 줄까

김밥 천국

  한 줄 김밥이 천국 맛을 팔겠단다 배고픔이 금세 천사처럼 순해질지도 모르겠다 외출모드 난방에서 초겨울은 김밥처럼 우선 간편하고 썰렁하겠다

  가까이 붙어있으려는 추위에 허리 협착이 밀착해 들어온다 밀어낼수록 되밀고 들어오는 디스크가 철없이 터져 절룩거린다 김밥을 꼭꼭 씹는다

  너는 무심하고 나는 두근거리는 문자를 도마에 올려놓고 얌전하게 썰어둔다 접시 위에 안부가 담긴다 김밥 옆 카톡카톡 쌓이는 안녕을 먹는다

  가끔 불편하고 대부분 홀가분한 저녁을 노란 포스트잇에 적어 냉장고에 붙여 둔다 잊은 기억이 협착증처럼 바짝 붙어서 단단하게 얼어간다

  기억은 제멋대로다 당근처럼 주황색이거나 단무지처럼 노랗게 바뀐다 슬픔도 쉽게 상한다 발바닥의 냉기를 진짜 겨울이라고 얼른 고쳐 적는다

〉

  한 줄 김밥도 훌륭한 식탁이다 귀가하지 않고 외출 모드로 서성대는 것들을 나들이 혹은 가출이라고 고쳐 쓴다 김밥 들고 소풍이라도 갈까

  천사가 되어주겠다는 김밥집에서 천국 맛을 꼭꼭 씹어 배를 채워도 세상은 허기진다 하느님도 천국을 비워둔 채 오래 외출하신 것이 분명하다

순환 3-1 버스

오늘도 순환 중입니까
고객님 감사합니다, 사랑합니다
승차 멘트가 버스에서 창밖을 보네요

탈모 전문 병원 광고가 빨리 찾아오래요
정착할 약도를 처방해 줄지도 몰라요
하늘샘깊은 교회를 지나서 오라네요
하느님께서도 처방전을 놓칠지 몰라요

코끼리 식육식당에는 코끼리 고기를 팔까요
코끼리를 구워 먹고 상아는 뽑아 올까요
들안길 네거리에서 방향을 잃었어요
상아를 뺏긴 코끼리는 내릴 곳이 없어요

이번 정류장은 헬로 티브이 앞이랍니다
다음은 당신 앞인가요, 하차해도 될까요
헬로 티브이 전원을 켜두고 내릴까요
아니면 헬로, 유쾌하게 손 흔들고 내릴까요

되돌아가는 길을 자꾸 놓쳐요

헬로, 안녕하세요, 습관처럼 불안하게 인사하네요
버스정류장으로 마중 나와 주실래요
노을에 걸린 시간이 궁금하잖아요, 환승할게요

시간이 먼저 하차하네요. 하차벨 누를게요
큰일이에요, 어느 버스에서 당신을 잃었을까요
낯선 얼굴들만 굴러다니며 순환 중이에요

김종태
koatech7@hanmail.net

플라타너스 외 7편

플라타너스
아프지 마!
임시 천막
씀바귀의 눈썹
비둘기 삽화
겨울 문
오월의 신동재
닮은 꼴

플라타너스

명덕로*라 불리기 전부터
가로수로 자리 잡은 플라타너스

매연에 짓눌린 어깨, 무거웠지만
한눈팔지 않고
그늘 깊은 명품 길을 꿈꿔오던 어느 날

조경사 톱날에
느닷없이 잘려 나간, 굵은 팔뚝
거리마다 초록 피멍이 비명을 지르고
가지치기에 해고된 사람들, 그득했다

'아빠 힘내세요. 우리가 있잖아요'를 노래하던
두 딸의 또랑또랑한 목소리가
소주잔을 출렁일 때

팔뚝 잘린 플라타너스가
어린 딸들의 떨림음 뒤를 받쳐주고 있었지

진즉 땅속으로 숨기지 못한 전선電線과

수출 전선戰線의 한파 가득한 빨간 등까지
명덕로 가지치기를 여전히 기억하느라

플라타너스 피부엔
지금도 흰 버짐 꽃, 아프게 번지고 있다

* 대구시 도로명

아프지 마!

오른쪽 등에 볼록 튀어나온 사마귀
동물병원에서 털을 깎고 수술한 룽지*
꿰맨 실밥의 상처로 한참 끙끙거렸지

숨결에 녹아있는 아픔 달래느라
내가 할 수 있었던 위로는
좋아하는 간식 먹여주고 품에 한 번 안아준 것,
아프지 마!

얼마 전
허리통증으로 침 맞고 있을 때
허겁지겁 빗속을 맨발로 달려온 카톡카톡,
아프지 마!

전문의도 아닌 그 친구
아무런 처방도 내릴 수 없었으니
애태운 마음, 숨결에 담아
내 가슴에 퐁당 던진 것,
아프지 마!

〉
감성 메말라 쩍쩍 갈라진 내 가슴에
봇물 터지듯 고마움 넘쳐흘렀으니

운모 빛 거울 같은 룽지의 눈망울에도
내 사랑의 깊이는 전해졌을까

* 애완견

임시 천막

본처와 사이좋은 세컨드처럼
본 건물에 어깨 기대
갑과 을 혹은
정규직과 비정규직 관계라 한들 어떠하리

한동안 임시라는 걸 잊어버리고
애증의 긴긴 시간
서로 원원하며 지내왔는데

겨울눈보다 더 무거운
삼월의 춘설에 그만 폭삭 내려앉은 임시 천막

물어뜯긴 상처의 부리 여기저기서
번지는 미투 열풍 타고
아프다, 아프다는 소리 들려올까
조마조마했지만

넘어지는 생명 애써 살리려다
무너져 내린 어깨는
다행히 펠리컨*을 닮았다

〉
제자리 없는 세컨드를 품어주려
남편의 어깨까지 빌려 주었으니
마음 상했을 본처에게
위로의 말, 건네야 한다며

무너진 천막 아래
오히려
갑甲질 달래는 봄꽃, 활짝 피었다

* 사다샛과에 속하는 큰 물새로 사랑과 희생의 상징으로 불림.

씀바귀의 눈썹

보도블록 틈새
할퀸 상처의 씀바귀는 소외된 얼굴

쪼그리고 앉아있는 쪽방 식구들
온몸 구겨 부둥켜안고 있으니
내 가족 네 가족이 따로 없는 모듬살이

좁고 굽은 골목길 지나
굼벵이 기어 나오는 낡은 목조 대문
간혹 앓는 소리 들리기도 하지만

그것은
장마 뒤 해를 보기 위해 말라 가는 몸부림

'개천에서 용 난다' 하니
씀바귀 키 높여보지만
지나가는 발자국들, 바쁘고 냉정하다

그래도
언젠가는 꽃씨 훨훨 날려 보내

넉넉한 살림 자식들에게 물려줘야 한다며

소외된 기억의 뒤꿈치 바짝 당겨 올려
둥근 달 올려다보는
씀바귀 작은 눈썹이 참 곱다

비둘기 삽화

작년에 찾지 않던 발톱 앓는 비둘기
문안 인사차 "꾸욱 꾸우욱 꾸욱"
아침을 울고 간다

늦잠 자는 백수 성가시게도 깨우러 왔나 보다

벗겨진 머리, 흰 머리카락이
네 빨간 눈에도 희게 보였을까

뭐가 그렇게 바쁜지
문 열면, 흰 발도장만 남기고
어디서 온 편지인지 물어볼 틈도 주지 않는 집배원처럼
'푸드덕' 이웃집 그녀에게 달려간다

"꾸욱 꾸우욱"
그래, 속고 속이며 살기도 하자

아직은 뜨거운 가슴, 심장 팔딱거리니
나도 머리 물들이고 사진 찍어
비둘기 넘보는 베란다 안쪽에
삽화로 걸어둬야겠다

겨울 문

단풍이 하도 고와 까치발로 다가서는데
한 잎 툭 떨어진다

구석진 양로원에 옹기종기 모여 앉은
퍼석한 낙엽을 밟았더니
중환자실 숨 가쁜 신음 흘러나온다

한 줄기 바람 따라
어이어이 쓸쓸한 곡소리 울리면
더 이상 붉을 수 없는
단풍의 마른 호흡이 바삭거리고

용쓰며 달려온 우리도
하얗게 물들어 가는 중이다

단풍도 바람도 그리고 당신과 나도
붉은 마음 다 태워 가벼워졌으니

이 가을, 훨씬 가벼워지겠다
이별도 차츰 가벼워지겠다

까치밥 홍시가
겨울 문을 활짝 열어 주겠다

오월의 신동재*

신혼의 달력 속에
동그랗게 앉아 있던 당신의 생일

텅 빈 주머니 뒤로 숨기고
함께 찾아간 오월의 신동재

가위바위보로 아까시 한 잎, 두 잎 떼어가며
활짝 묻어나던 웃음

생일 선물이라며 향기 가득한 허공을
한 아름 안겨주었더니
이보다 더 좋은 선물 없다며
환하게 웃던 어린 아내

노을도 향에 취해
붉은 얼굴 감출 때쯤

어둠 밝히는 환한 아까시 등燈
좁은 거실에 걸어놓고
훗날, 향기 쏟아내는 샹들리에 등도

달아준다 약속했었지

먼 길 돌아와
불 밝힌 식탁에 마주 앉은 오늘의 당신은
고마운 선물이지, 최고의 보석이야

* 경북 칠곡군 지천면 소재, 아카시아 축제로 유명함.

닮은 꼴

유혹의 시간도 얼마 남지 않았다는 듯
수액 빠져나간 마른 잎 자리에 입술 빨갛게 칠한
108번 종점, 꽃집 여인이 앉아 있다

바보처럼 홀려 다니다
마지막 어깨는 그 여인에게 내려놓고 싶어
어색한 청바지를 애써 끼워 입는 한 남자

오늘 아침 거울 앞에 서 보니
어제 그가 안았던 여인은
창밖의 늙은 벚나무

우주 속에 살고 있는 모든 것들은
먼지로 돌아가기 위한 몸짓이다

붉어져 가던 단풍도
기울어 가는 그도
서로가 서로를 닮아간다

김용조
borabitt@hanmail.net

자전거 타기 외 5편

자전거 타기
돌아오는 길
어떤 슬픔이
새가 되었을까
대봉감 이야기
첫 기억

자전거 타기

종일 한 뼘 햇살만 만나는
앉은뱅이 꽃
높고 둥근 바퀴의 휘파람을 들었다

그때마다 두근거리던 눈
바퀴를 따라 돌고 돌았지

말년휴가 나온 오빠 도움으로
세모난 안장, 다리 사이에 끼고 앉아
미끈한 손잡이의 목을 조이며
힘찬 발길질

붙박여 아우성 지르던 바퀴
헛울음 몇 번 내지르다
내 나팔바지 끝을 물며 얽혀버렸지

놀라 올려다보던
내 푸른 동공을
하늘이 내려다보며 웃었던 것도 같은데

〉
그 한 번의 거부로
다시는 올라 보지 못한
글라디올러스 언덕

두고두고 아쉬워하는 소심한 중년이 여기
쪼그려 앉았다

돌아오는 길

겨울바람 먼저 올라탄
심야버스를 타고
나와 함께 저물어 가는
하루의 끝

동그랗게 옹근달
하늘로 옮겨가면

그 빛 덮고
하얗게 드러누운
아스팔트 적막한 길 따라
집으로 돌아가려 한다

가지에 걸린
너댓 개의 잎마저
고요히 눈 감고
흔들리고 있는데

잠들지 못하고
우리를 곱씹던 나는

바람 끝에 달린
환하고도 치렁한
어둠을 만지며

문 뒤편의
너를 내려놓고야 만다

어떤 슬픔이

 목청 높일 수 없었던 포트리 메인스트릿 화이트맨 하우스 12B
 열일곱 너와 소리 높여 이야기할 때마다 찾던 허드슨강, 세찬 강물 소리보다 슬픔이 컸던 너, 거지라도 좋아 하루만이라도 세상을 보고 싶어 그 말에 차창으로 내리던 비가 더 크게 울었다

 그분의 일을 드러내려 그리되었다는 예수의 말씀*을 믿던 너는 그마저 내려놓고 그만 살고 싶다며 들썩이던 어깨 다독이려 내밀던 내 손의 무게조차 버거울까 허공을 쓰다듬다 말았다

 어느 아침, 큰일 났다, 화분에 심은 상추가 다 시들어 죽었어 선잠 속에 받은 그이의 전화
 매 순간이 좌절이라던 너, 상추가 죽어 버린 것이 큰일이라던 남편

 비 오던 조지워싱턴브리지 떠올릴 때마다 종소리 같은 두 슬픔 물안개 속 피어오르고 엄마의 웃음 듣고 싶

다던 너는 지금 꿈의 음표 그리며 조금씩 푸르러지고
있다

* 요한복음 9.2-3
　제자들이 "스승님, 누가 죄를 지었기에 저 이가 눈먼 사람으로 태어났습니까? 저 사람입니까? 그의 부모입니까?" 예수님께서 대답하셨다. "저 사람이 죄를 지은 것도 아니고 그 부모가 죄를 지은 것도 아니다. 하느님의 일이 저 사람에게서 드러나려고 그리된 것이다."

새가 되었을까

낮이지만 갈앉았던 하늘
그녀를 만나러 가던 진회색 길

이름 도드라진 묘비 앞에서
본 적 없는 에밀리*를 그리워한다

사랑하는 이 떠나보낸 뒤
순백의 드레스 입고
유리창으로만 세상 보며
바구니 매달아 내려보내던 쿠키 속
작은 외침

자신도 어쩌지 못했던 그 마음과 눈물
이 땅과 나무들은
기억할까

세상으로 향하던 마음
詩로 대신하던 그녀의 서랍 속
고이고이 접혀 있었던 꿈들

〉
데이지꽃 미소도
유언으로 남긴 바닐라 향 나는 하얀 관도
무거운 돌덩어리 밑으로 사라져 버리고

가끔 적막을 흔드는 바람 속
회색 묘비명엔 그녀의 이름뿐
비석 열고 나와 나에게도 건네는 쿠키

그녀의 시를 만났던 날부터
흔적 그리워했던 나는
묘지 앞에서 나직이 되뇌어 본다
그녀는 새가 되었을까

* 에밀리 디킨슨-미국의 시인, 2,000여 편의 시를 남겼으며
  은거한 천재 시인이자 명상 시인.

대봉감 이야기

하루가 녹아내린
늦은 오후
어둠과 함께 나를 기다리던
택배 상자

어머니 돌아가신 해 추석
나를 찾아왔던 막냇동생 부부

어머니가 또 그리웠나 보다

딱딱하고 떨떠름하더니
하나씩
익어가는 동생의 마음
말랑하고 쫀득한 시를 짓는다

여섯 살 터울의 동생이 태어나던 유월
산파 아주머니 수선스럽던 마루엔
장미 향이 춤을 췄고

방싯거리며 업어 달라던 손짓이

나비 날개 같던 동생이었지

누나, 역시 귀한 거데이
엄마도 좋아하셨는데…

자기를 비워낸 감 상자가
동그랗게 앉아 웃고 있다

첫 기억

어머니의 모태는 나에게 냉정했지
한 살 반 터울의 동생 때문에
젖을 대신했던 흰죽과 눈깔사탕
배고파도 보채지 않았단다

참새 걸음 소리조차 나지 않던
어느 아침
사방은 정지된 화면
고개 돌려본 미닫이문 밖
한 가지 색으로 덮여있었지

그 풍경 매일 그리며
창호지 문 열릴 때마다
밖을 내다보며 오물오물
흰설탕 묻은 눈깔사탕 녹이고

동생이 물고 있던 엄마의 젖을
첫눈으로 기억한다
첫눈은 그렇게 나에게 남아 있다
그때부터 조용한 눈처럼 혼자였가

이장희
dlwkdgml@hanmail.net

묵은 가스레인지 외 5편

묵은 가스레인지
반시 하나
당신의 부재
노안
새긴다는 것
안구가 건조할 때

묵은 가스레인지

가슴에 금빛 훈장 서너 개 달고
피붙이처럼 신혼살림에 딸려 왔지

시도 때도 없이 비튼 손목
도금 벗겨진 양은 냄비 바닥 같은
빤질빤질한 관절

오후가 등짝에 내려앉던 날
자전거 뒷자리에
까만 고무줄로 포박당한 채
골목 끄트머리 수리점으로 실려 갔지

-인물 참하고 화력 끝내주는 놈으로
 새로 하나 입양하이소

-그래도 그렇지 이놈과 묵은 정이 얼만데…

내 정수리 위에는
주인장 닮은 묵은 된장찌개
보글보글 끓고 있고

〉
투명 반창고 동여맨 손목으로
구수한 저녁밥 짓고 있는
주방에 다시 터잡고 앉은 나

반시 하나

수분수 없이 암꽃으로 수정하는
안채 옆 감나무 우듬지의 반시 하나
불그레 고개 떨군다

감나무가 가로수인
씨 없는 감의 고을, 청도

임당리에 낙향한 조선의 내시內侍
한 마리 개미도 허용치 않을 듯
밤낮으로 그의 눈초리
안채 문고리 위에서 서성인다

동짓달 그믐밤
독수공방 금침衾枕 속 파고드는
새벽 잔설 내려앉은 장독대 위
반쯤 쪼그라든 씨 없는 반시 하나

가슴 시린 반쪽 사연의 아침을
나는 오물거리며 삼키고 있다

당신의 부재

마른 잎사귀 떨군 굴참나무 아래
동백꽃처럼 웃던 당신

낙엽 덮인 산속의 잠든 길 깨우기도
풍랑주의보 내린 밤,
등대 옥탑에서 불 밝히기도 했지

팔다리에 붉은 생채기 돋아나도
날 선 돌멩이 발등을 찍어도
놀이공원 바이킹 같은 당신의 입꼬리
찰랑이는 귀고리에 닿곤 했지

이제, 유월의 하얀 이팝꽃 되어
비바람에 흩어져 후미진 길섶
어느 모퉁이에서 홀로 웅크리고 있을

당신은 오늘도 부재중

노안

조간신문 헤드라인조차
눈앞의 새벽안개처럼 흐릿하다

도끼눈으로 신문 활자 노려보는
눈썹 사이 협곡 닮은 두 개의 주름

삶의 변곡점 지날 때마다
아우토반*처럼 눈앞의 속도를 삼켜버리기도
때론, 자갈밭 버스처럼 덜컹거리기도 했다

내게 노안이 온 것은
바람결에 몸을 눕히는 들판의 풀처럼
앞만 보지 말고 주위도 살펴보라는
마음의 창으로 세상을 바라보라는 것

* 독일의 속도 무제한 고속도로

새긴다는 것

돌담 너머 비석치기 하는 아이들

먹잇감 노리는 고양이처럼
깨금발로 다가와 냅다
돌멩이 던지며 줄행랑친다

잡초 무성한 빈터 저만치
무너진 성채처럼
나뒹굴고 있는 비석 하나

비문은 지워지고
민초들의 원성만
야시골 유령처럼 떠돈다

비석 하나 새긴다는 것
석공이 쇠망치로
바위에 새기는 것이 아니라

봄바람에 실려 오는 천리향처럼
뭇사람들 마음의 실핏줄에
시나브로 스며드는 것

안구가 건조할 때

 후미진 골목의 연속 상영관 낡은 필름처럼 눈앞에 자꾸 빗금 보일 때
 밤샘 노동을 막 끝낸 연인의 충혈된 눈꺼풀처럼 서로 부둥켜안을 때
 이불 덮어쓰고 야동 보는 아이처럼 눈부심에 자꾸 깜박거릴 때
 꽃샘바람에 개울가 모래알이 들어간 것처럼 눈이 까칠까칠할 때
 긴 가뭄 끝 바닥 드러낸 저수지처럼 눈동자가 건조하고 뻑뻑할 때
 쌈짓돈으로 가입한 장롱 깊숙이 감춰 둔 실비보험증서 꺼낼 때
 인공눈물 서너 방울 떨구고 이른 새벽 수서행 첫 열차 예매할 때

이복희
boghee0320@hanmail.net

혀 외 7편

혀
가면 놀이
땅콩 까는 남자
통돌이 세탁기
자두
인앤아웃
그해 여름 저녁
몽돌을 굴리다

혀

꽃에도 얼굴이 있다면, 그건 창문의 일종

밤의 창문을 닫아걸자
메마른 입안에 퍼지는 열꽃
내 이로 혀를 씹고 만다

이것은 통증으로 통하는 맛
장맛비에도
우두커니 애인처럼 서 있는
배롱나무꽃은 흔들리지 않는 향기

겁 없이 뜨거운 맛을 보고 싶은 날
시뻘겋게 엉겨 붙은 혓바늘들

그 깊이에 혀를 대고 살다 보면
혀의 뿌리가 깊어져서
말의 상처가 돋아난다

혀는 자꾸 뒤틀리고 꼬부라지고
내가 아닌 내가 되는데

〉
나는 혀끝 따라 흔들리는 꽃나무
꽃잎이 떨어질 때마다
창문 열고 못다 비운 비밀을
배롱나무 뿌리 곁에 심어놓는다

가면 놀이

배불뚝이 구피 한 마리, 무리에서 떨어져 배 뒤집고 떠 있다 갓 배달된 신문지 깔고 의문사를 부검한다 부릅뜬 눈알이 손을 끌어당긴다

칼날 위로 거품과 함께 쏟아지는 알들,
습하고 비린 안쪽의 문 훔쳐보다가
얼떨결에 만난 구역질

죽음은 어떤 단서도 없을 때가 좋다 깨알 같은 경전을 침묵이 읽어 줄 때, 조용히 내려놓는 죽음이라야 한다 가면 뒤에 숨은 얼굴이 낯설다

변기 커버를 올린다 부검한 알을 변기에 넣고 물 내리자 생과 사로 나뉘는 소용돌이, 비는가 싶더니 다시 물이 채워진다

술렁거리는 어항 속
있는 입으로 한마디씩 내뱉을 기세다
함구령처럼 먹이를 던져주자
언제 그랬냐는 듯, 구피들 앞다투어 몰려든다

〉
물 밖으로 밀어내고 물 안으로 끌어당기듯

가면을 쓴 나약한 얼굴들이 달려온다,
여름 소낙비처럼

땅콩 까는 남자

흙의 뿌리들이 사라진 지 오래다

한 소쿠리 땅콩을 앞에 두고 등 구부린 중년 남자, 동물의 왕국 속으로 어슬렁어슬렁 발걸음을 옮긴다 TV에 시선을 고정한 채 남자는 딱, 딱, 딱, 리듬에 맞춰 손가락을 놀린다

나무 그늘에 늘어져 있는 수사자
측은한 눈빛으로 남자를 내다본다

남자는 신문지에 땅콩을 수북이 까놓고, 방바닥의 벼룩시장 구인광고를 곁눈질한다 잠깐씩 눈을 감고 포효하는 밀림의 왕인 양 입을 벌린다

4050세대 된바람에 휩쓸린 남자

목덜미 늘어뜨린 수사자가 화면 밖으로 뛰쳐나와 남자를 덮칠 것 같다 노란 땅콩꽃이 형광등 불빛에 파르르 떤다

〉
　땅에 맞닿듯 허리 굽힌 암사자, 가젤 목덜미를 물고 클로즈업된다 새끼 사자들이 앞다투어 풀숲을 헤치고 나온다

　언덕 위의 수사자, 지평선에 저무는 노을빛을 바라본다

통돌이 세탁기

상하좌우 마구 돌려지고 싶어
네 속에서 허리가 뒤틀리고
내장이 뒤죽박죽되더라도 군더더기 털어내고 싶어

나를 맘껏 돌려줘, 눈알이 뱅글뱅글
윗도리 아랫도리 한 몸으로 엉키는
한여름 밤
나 하나쯤 사라져도 좋겠어

구름 거품에 불평 쏟아낼 필요 있나
너덜대는 보풀쯤이야 어때
찬물 뜨신 물로 몸 헹궈봐

붉은 꽃망울 솟아오르듯
너의 출렁거림은 숨 가쁜 리듬이야

너는 나를 언제나 타이머에 가두지만
나는 즉흥적인 게 좋아
탈 탈 탈, 흰 나비들이 몸 안에서 생기니까
다른 세상으로 눈부시게 날아오를 수 있으니까

〉
여기저기, 이리저리
펄럭이는 날갯죽지처럼
물거품이 사라질 때까지 제발 좀 흔들어줘!

물방울 젖지 않는
샤프란 향이 뼛속에 저며들 때까지

내가 눈뜨면 뚜껑 닫힌 세상이 함께 열리게

자두

그해, 장맛비를 두들겨 맞은 자두
한 방향으로 기운다

광대뼈부터 파고든 7월의 땡볕
붉다 못해 검붉은 흔적이
누군가의 독설 같다

나무에 매달려 한여름을 난다
가장 실한 놈만 살아남는 자두의 세계

꽃이 많다고 걱정일 때
꽃향기에 취했고,
냉해를 걱정할 땐 꽃을 탓했다

매미 소리 요란해지면
흙으로 돌아가야 할 시간이 가까워진다

양은 솥에 끓고 있는 자두의 일대기
바글바글 들끓는 울음을
주무르고 어르고 달래서 채로 걸어낸다

〉
자두밭에 남겨진 발자국
한여름 붉은 울음처럼 나를 지나간다

식탁 위 식구들 자두 잼에
등 굽힌 발자국이 뜨겁고 환하다

인앤아웃

매장 밖 테이블을 어슬렁거리던 남자가 안으로 들어선다 콜라 컵을 입장권처럼 쥐고 있다 인앤아웃버거 가게 룰을 종업원보다 잘 아는 저녁

누군가 먹다 버린 컵으로 콜라를 리필받는 남자
하루의 허기를 쓰레기통 음식으로 채우는 남자
한두 번 눈치쯤은 눈칫밥이라 여기지도 않는

저 남자 행동 하나하나를 눈에 불을 켜고 지켜보는 나는 뭐지? 도대체 저 남자는 무슨 수로 목숨을 버틸까 또 다른 누군가 저 바닥에 뛰어들지도 몰라

무엇을 위해 바닥을 지고 살아가는 걸까
허공 향해 켜둔 간절한 불빛
입안에서만 우물거리는 부르고 싶은 노래
헐렁한 청바지가 허리춤 아래로 내려오는 유리창
아무도 반기지 않지만 발길 돌리지 않는 그림자
누른 이빨 사이로 새어 나오는 숨소리가 거친 노마드

보란 듯이 갑자기,

고개를 쳐들어 네온사인 광고판을 노려보는 남자

낡은 티셔츠에 새겨진,
Amor Fati*
도시의 신념 같은 빨간 글씨

검은 콧수염의 자존심 하나로
오늘을 살아낸 남자가
프레즈노** 달빛 아래 어제처럼 서 있다

* 프리드리히 니체의 운명관을 나타내는 용어로 자신의 운명
  을 사랑하라는 의미
** 미국 캘리포니아주 중남부의 도시

그해 여름 저녁

그날의 문은 안으로 잠겼다
깃털이 날리고, 괴성이 울린다

날개를 제압한 아버지 샘가에 쪼그리고 앉아, 닭 모가지를 비트는 손놀림이 빈틈없다

핏물 앞에서도 아버지의 칼끝은 서늘하다

버둥거리는 다리는 허공을 향해 내달린다 피를 쏟아내는 몸부림은 차츰 잦아들고, 수챗구멍으로 검은 노을빛이 흐른다

뻘건 대야에 김이 오른다 닭을 집어넣고, 아버지는 한 올 한 올 털을 뽑는다 된바람에 솜털 빠진 갈대처럼 듬성듬성한 닭 다시 입욕을 여러 번, 잔털까지 세세히 뽑아내는 손길에 여지가 없다

도마 위에 누운 알몸,
배를 가르고 내장을 꺼내자 우르르 딸려 나오는 알
동그란 눈알들이 나를 빤히 쳐다본다

〉
 동네 사내아이들이 건네준 미꾸라지, 비닐봉지에 담아서 의기양양 집으로 들어서는 소녀를

 양푼에 쏟아진 미꾸라지
 소금을 뒤집어쓴 채 버둥거리고
 식구들은 두레반에 둘러앉아 닭다리를 뜯는다

 메케한 모깃불에 눈이 매웠던
 그해 여름 저녁, 아직은
 허기진 목숨들의 먹이사슬 같은 거 까맣게 몰랐던

몽돌을 굴리다

먼 데서 누군가 밤새 달려온다

수평선 저쪽에서 이쪽으로
파도를 타고 몽돌을 굴리면서

어디선가 들어본 듯한 노랫소리
몽돌이 구르는 쪽으로 엎드렸다가 누웠다가
불면의 밤을 끌고 다닌다

눈도 뜨지 못한 몽돌이 구른다
여자는 귓속에 든 이석증 진원지가
수평선 너머 저쪽일 거라 한다

귓바퀴로 쏠리는 몸뚱이
번번이 어긋나는 밀물과 썰물
날이 갈수록 기억의 발자국이 흩어진다
새들이 꼬리에 꼬리를 물고
수평선 너머로 날아가고

목구멍까지 차오르는 늦가을 물살들

끝없이 멀어지는 텅 빈 몸을 훑어내
아득히 쓸려갔다 울컥울컥 밀려온다

빗살무늬 얼룩진 몽돌이 구른다
빛 한 가닥 쬐보지 못한 태아의 울음인 듯
목이 긴 여자가 퍼질러 앉아 있다

캄캄한 물밑처럼 서늘한 몸으로
파도가 몽돌을 들어 올려
못다 부른 자장가를 철썩거린다

발치에서 쓸려가는 잔잔한 물결이
떨궈버린 어린 숨결 같아
여자는 여태껏 해안을 떠돌고 있다

詩공간 발자취

■ 詩공간 연혁

2018년

03.07. 〈시공간〉 첫 모임, 첫 출발, 매월 정기모임 및 합평회
- 김종태, 모현숙, 박용연, 이복희
05.21. -신입회원 가입 : 서정랑
초대 회장단 선출
- 회장:김종태, 부회장:박용연, 사무국장:이복희,
총무:서정랑
05.22. 〈시공간〉 밴드 개설
09.03. 〈시공간〉 다음 카페 개설 cafe.daum.net/poem-space
12.27. 〈시공간〉 송년회

2019년

01.14. 〈시공간〉 회칙 제정, 2019 연간 추진 계획 수립 및 1월 합평회
08.30. 〈시공간〉 동인지 창간호 『바람집을 썰다』 출판 기념회 (장소:자금성)
- 내빈 : 박방희(대구문협 회장)/ 장호병(한국수필가협회 이사장)/ 주설자(문장작가회 회장)/ 박언숙(대구시협 사무국장) / 방종현(대구문협 이사)
09.02. 《매일신문》〈시공간〉 동인 창간호 『바람집을 썰다』 출판 기념회 신문기사
09.07. 《시공간》 창간호 발간에 대한 평가 반성회
10.31. 《시니어매일》 시로 지은 집 '시공간' 신문 기사
11.02. 〈시공간〉 문학기행 '단풍에 물들다'

	- 아동문학가 '권정생 선생님 살던 집' (안동 일직면) 외
11.19.	11월 정기모임 및 합평회
	신입회원 환영회 (신입회원 : 박소연, 송원배)
12.18.	12월 정기모임 및 합평회 / 〈시공간〉 송년회

2020년

01.13.	〈시공간〉 신년교례회 및 1월 합평회 / 연간계획 수립
	코로나19로 인한 사회적 거리 두기로 인하여 〈시공간〉 정기 합평 취소(2월~4월)
06.22.	6월 정기모임 및 합평회 (초대:대구문협 회장 박방희)
07.24.	7월 정기모임 및 합평회 / 《시공간》 동인지 2집 출간 협의
09.11.	《시공간》 동인지 2집 『가을전어와 춤추다』 출판기념회 (장소:자금성)
	- 내빈 : 윤일현(대구시협 회장), 장호병(한국수필가협회 이사장), 노정희(수필가), 박상봉(시인), 김재웅(사진작가)
09.11.	《뉴스프리존》 시공간 동인지 『가을전어와 춤추다』 출판, 가을 시로 물들이다 기사
09.13.	《오마이뉴스》 시공간 동인지 『가을전어와 춤추다』 출판, 가을 시로 물들이다 기사
09.13.	《대구일보》 문학단체 '시공간' 두 번째 동인지 발간, 출판기념회 기사
09.14.	《시니어매일》 가을에 먹는 시, 시공간 동인지 『가을전어와 춤추다』 출간 기사
09.19.	《시공간》 동인지 2집 『가을전어와 춤추다』 출판기념회의 평가 반성회
10.30.	서정랑 회원《문장》 2020 가을호 시 부문 신인상으로 등단
11.07.	시공간 문학기행 '문학과 바다를 품다'
	- 경주 〈동리목월문학관〉/ 석굴암 / 감포 바다

코로나19의 3차 대유행으로 5인 이상 모임 금지로 인하여 합평 모임 무기한 연기

2021년

- 01.02. 제2대 회장단 선출
  회장:박용연, 사무국장:모현숙, 총무:서정랑/ 연간계획 수립
- 01.15. 1월 신작 온라인 합평
- 02.26. 대구문인협회 카페에 〈시공간〉 코너 개설
- 03.01. 회장단 이임식(1대) 및 취임식(2대)
- 05.29. 봄 문학기행 <초토(焦土)의 시를 찾아서-구상문학관>
  탐방 및 신입회원 박상봉 가입
- 06.20. 〈시공간〉 로고 결정 (서정랑 회원의 아들 장진규 디자이너의 재능기부)
- 07.20. 송원배 회원《문장》여름호 시 부문 신인상으로 등단
- 08.27. 박상봉 회원 개인 시집『불탄 나무의 속삭임』발간
- 09.27. 〈시공간〉 동인지 3집『스타다방』시집 발행
- 10.01. 〈시공간〉 동인지 3집『스타다방』출판기념회 (장소:대영레데코 세미나실)
  - 내빈 : 심후섭(대구문협 회장), 윤일현(대구시협 회장), 장호병(한국수필가협회 이사장), 노정희(수필가), 김재웅(사진작가)
- 10.03. 《문학뉴스》시공간 3집 동인지『스타다방』출판기념회 열려 출판기념회 기사
- 10.04. 《매일신문》시공간, 동인지『스타다방』출간 출판기념회 기사
- 10.05. 《영남일보》대구경북지역 문학단체 '시공간' 동인지 3집『스타다방』출판기념회 기사
- 10.05. 《경북일보》문학단체 시공간의 '세 번째 동인지『스타다방』

	출간, 가을 시로 물들다 출판기념회 기사
10.05.	《시니어매일》'스타다방'은 어디, 시공간 동인지 『스타다방』 출간 출판기념회 기사
10.16.	출판기념회 평가회
12.04.	2021년 후반기 문학기행 '말과 말의 행간에 더 많은 침묵을 심는…'
	-김천 백수 문학관을 찾아서(시조시인 정완영) / 김천시립박물관 / 직지사
12.22.	〈시공간〉 송년회

2022년

01.26.	신년교례회 및 1월 정기모임 및 합평회 / 연간계획 수립
05.05.	〈시공간〉 봄 문학기행 '그곳이 참하 꿈엔들 잊힐리야!'
	- 민족시인 정지용 문학관을 찾아서
	- 노근리 평화공원
08.14.	이복희 회원《시예》가을호 시 부문 신인상으로 등단
09.21.	9월 정기모임 / 〈시공간〉 동인지 4집 최종 편집 회의 및 출판기념회 협의
10.14.	〈시공간〉 동인지 4집 『톡, 하실래요』 출판기념회(장소:대영레데코 세미나실)
	- 내빈 : 장호병(한국수필가협회 이사장), 손진은(동리목월창작대학), 심강우(시인, 동화작가)
10.16.	문학단체 시공간 네 번째 동인지 『톡, 하실래요』 발간《영남일보》기사
10.16.	《영남일보》문학단체 시공간 네 번째 동인지 『톡, 하실래요』 발간 기사
10.16.	《오마이뉴스》〈시공간〉 네 번째 동인지 『톡, 하실래요』 발간 기사

10.17. 《시니어매일》시공간 네 번째 동인지 『톡, 하실래요』 발간으로 가을 안부를 시로 전하다! 기사

10.17. 《오늘경제》〈시 쓰는 경제인〉 대영레데코 송원배 대표 '시공간' 동인지 『톡, 하실래요』 발간 기사

11.25. 이복희 회원 첫시집 『오래된 개미집』 발간

11.25.~11.26. 2022년 시공간 하반기 문학기행
〈영천 임고서원 / 울산 오영수 문학관을 찾아서〉

12.14. 12월 시공간 정기모임(합평회) 및 송년모임 (들안길 안동한우)

2023년

01.09. 제3대 회장단 : 회장-모현숙, 사무국장-서정랑, 총무-송원배

03.22. 송원배 회원의 경제 칼럼지 『어쨌든 경제, 어쨌든 부동산』 발간

04.12. 김용조, 이장희 신입회원 가입

05.07. 시공간 신입회원 가입 축하 야유회 및 문학기행(부산)

09.06. 〈시공간〉 동인지 5집 편집회의 및 출판기념회 회의

10.27. 시공간 5집 동인지 『다른 이름으로 저장하기』 출판기념회 (정호승문학관)
-내빈 윤일현(전 대구시협회장), 김용락(한국국제문화교류진흥원장), 장호병(한국문협 부이사장), 신상조(문학평론가)

10.29. 《경북일보》 '대구·경북 문학단체 '시공간', 다섯 번째 동인지 『다른 이름으로 저장하기』 발간' 기사

10.30. 《매일신문》 '대구경북 지역 문학단체 '시공간'…다섯 번째 동인지 발간' 기사

10.30. 《독서신문》 '문학단체 시공간, 다섯 번째 동인지 『다른 이름으로 저장하기』 발간' 기사

11.03. 《영남일보》 '문학단체 '시공간' 5집 동인지 '다른 이름으로 저

	장하기' 출판기념회' 기사
11.18.	가을 문화탐방 및 출판기념 평가회
	- 군위에서 찾아보는 詩와 가을/ 다시 다지는 詩공간 -
	- 삼존석굴암(제2석굴암)/ 한밤마을/ 화본역 등
11.22.	서정랑 회원의 첫 시집 『85B』 발간 및 출판기념회(북랜드 라온)
11.27.	박상봉 회원 세 번째 시집 『물속에 두고 온 귀』 출간
12.01.	《월간 대구문화》 '이달의 신간'에 시공간 5집 동인지 『다른 이름으로 저장하기』 소개
12.25.	송년회

2024년

01. 17.	제4대 회장단 선출 및 연간계획 수립
	회장 - 송원배, 사무국장 - 김용조
03. 30.	박상봉 회원 제16회 사이펀 문학 토크(정호승문학관)
04. 11.	봄 문학기행(경주 일원)
08. 10.	〈시공간〉 동인지 6집 1차 편집회의(스마일빌딩)
08. 17.	〈시공간〉 동인지 6집 2차 편집회의(스마일빌딩)
09. 04.	〈시공간〉 동인지 6집 편집회의 및 출판기념회 준비 회의 (북랜드 라온)
09. 20.	이복희 수필집 『내성천에는 은어도 별이 된다』 출간